POR QUE ENFRENTAMOS CRISES E NÃO ESTAMOS PREPARADOS?

dsop editora

1ª edição - 2020
1ª reimpressão - 2023

PRESIDENTE | Reinaldo Domingos

COORDENADORAS EDITORIAIS | Christine Baptista e Renata de Sá

REVISORA | Edilene Martins

COLABORADORA | Cintia Senna

EDITORA DE ARTE | Beatrice Jacob

CAPA | Alex Mout

FOTOS DA CAPA | Michele Neregato

FOTOS DO MIOLO | Shutterstock

Rua Alba, 88 | Jabaquara | São Paulo | SP
Te.: 11 3177-7800
www.editoradsop.com.br

Dados Internacionais de Catalogação na Publicação (CIP)
(Câmara Brasileira do Livro, SP, Brasil)

Domingos, Reinaldo
Por que enfrentamos crises e não estamos preparados? / Reinaldo Domingos -- São Paulo: Editora DSOP, 2020.

ISBN 978-65-87565-02-6

1. Crise financeira 2. Educação financeira
3. Finanças pessoais 4. Investimentos I. Título.

20-36880 CDD-332.6

Índices para catálogo sistemático:
1. Educação financeira : Economia 332.6
Cibele Maria Dias - Bibliotecária - CRB-8/9427

Este livro é dedicado a todos que buscam desvendar o porquê de não nos prepararmos para enfrentar as crises.

SUMÁRIO

01

SUSTENTABILIDADE NA CRISE

Eu, com meus mais de 50 anos, tive o privilégio de vivenciar diversas crises financeiras. E acredite, saí vencedor em todas elas. E esta não será diferente. Estou preparado, e quero ajudar você a também se preparar.

Independentemente da sua situação financeira, você pode e deve enfrentar a crise financeira com a cabeça erguida e vencê-la.

Leia atentamente cada frase desta obra, reflita e dialogue com seus amigos e familiares.

Em minhas abordagens, para estimular os meus seguidores, sempre enfatizo a seguinte frase: "Eu aprendo, eu pratico e estou pronto para ensinar."

Excelente leitura,
PhD Reinaldo Domingos

02

POR QUE ENFRENTAMOS CRISES E NÃO ESTAMOS PREPARADOS?

Somos seres humanos. Por isso, acertamos e erramos.

Quando falamos de crise, o próprio nome nos remete a problemas, rupturas, dissabores e até oportunidades. Esses podem ser de ordem pessoal ou profissional, na saúde física, mental, espiritual e inclusive financeira.

Nunca estamos completamente preparados para lidar com nossos problemas. Isso ocorre porque, como seres humanos, vivemos apenas no campo da razão, sem entender muito bem nossas emoções.

Esta obra foi escrita durante a pandemia do coronavírus, que acredito ser a mais dura e cruel crise já vivida nos últimos tempos. Seu foco principal é a saúde, com consequências ao universo financeiro das pessoas, das famílias e dos negócios.

Mas como enfrentar algo inédito? Quando relato isso, não estou falando apenas a respeito do universo da saúde, em que a prevenção e a cura passam por processos de profundas pesquisas no combate ao problema. Digo também, especialmente, no universo da saúde financeira. Nele mais uma vez a sociedade mundial se curvou diante do analfabetismo financeiro, como aconteceu em 2008.

Por muitos anos, venho estudando e enfatizando um jeito de fazer as pessoas, as famílias e os negócios buscarem a **sustentabilidade financeira**, como ocorreu com aqueles que influenciei, aplicando meus ensinamentos vivenciados.

Fico me perguntando: por que somos tão frágeis e, às vezes, até nos sentimos fracos perante essa grande **roda-gigante do consumo e do capitalismo?** Falo isso porque o **dinheiro como agente de escambo** em nossas vidas não foi ensinado nem entendido como meio.

Ficaria horas explanando minha indignação sobre a ignorância financeira. Quando escrevi minha primeira obra, *Terapia financeira*, em 2004, publicada em 2007, relatei sobre o meu viver em relação à minha vida financeira. Plantei uma grande **semente** de como lidar com o "dinheiro/escambo", que para muitos é um prêmio, e na minha descoberta, ficou mais do que evidenciado como sendo nada além de um "meio".

No livro *Terapia financeira*, observei algo que me fez alcançar a minha contínua sustentabilidade financeira, desde meu primeiro contato com o dinheiro, o que originou a **Metodologia DSOP** com seus quatro pilares transformadores. E, para ratificar esse feito, carimbei na quarta capa do título em questão a seguinte pergunta:

"SE, A PARTIR DE HOJE, VOCÊ NÃO RECEBESSE MAIS O SEU GANHO MENSAL, POR QUANTO TEMPO VOCÊ MANTERIA O SEU ATUAL PADRÃO DE VIDA?"

A resposta é simples ou, pelo menos, deveria ser. Ao ter contato com o recurso dinheiro, deveríamos tomar atitudes equilibradas em relação às nossas necessidades e aos nossos desejos, o que não aconteceu.

Faltou, no entanto, responder sobre essa tal sustentabilidade, caso você não tivesse recursos para manter seu padrão de vida.

Toda vez que você receber o seu dinheiro, seja por meio de uma doação ou do seu trabalho, ou até mesmo sendo contemplado em uma loteria, é imprescindível reter, guardar, salvar, poupar e proteger parte dele. É preciso criar uma espécie de objeto de **equilíbrio entre consumo e sonhos/ propósito**, nunca se esquecendo da sustentabilidade que permeia nossas vidas.

Sem o equilíbrio, vivemos o **naufrágio financeiro da sociedade**. Somente por meio da construção de novos comportamentos e hábitos é que conseguiremos enfrentar esta crise e outras que podem surgir.

03 O MUNDO E O DINHEIRO

Independentemente de onde você esteja vivendo esse momento, o dinheiro estará norteando a sua vida. Não conseguimos fugir, impossível. Nós o perseguimos, e deveria ser ao contrário, ele deveria ser apenas e tão somente consequência das nossas atitudes e hábitos.

No planeta, a corrida atrás do dinheiro fica cada dia mais evidenciada, e com a globalização, conectando tudo a todos, ele se tornou um prêmio. Que pena que ainda não foi descoberto o verdadeiro sentido dele em nossas vidas.

Mesmo assim, eu não desisto de você! Nem de todos aqueles que me cercam, que conheço e até que não conheço, de ficar incessantemente levando esse conhecimento tão óbvio. Na luz da verdade de cada um de nós, ficamos cegos pela simples ignorância do SER.

Quando olhamos para as nossas famílias, nos deparamos, muitas vezes, com a ausência de sonhos e de propósitos. Mas por que será que deixamos de sonhar quando nos tornamos adultos? É simples: quando crianças, sonhávamos sem ter a necessidade de buscar contrapartidas, como o dinheiro, por exemplo.

Antes mesmo de a criança ser alfabetizada, os exemplos que ela enxerga junto aos seus familiares são a busca contínua pelo dinheiro, em que este passa a ser a atração principal, o prêmio, a conquista. Por que eu falo isso? No mundo em que vivemos, independentemente do país em que você viva, essas práticas acontecem ininterruptamente em todos os momentos.

Quando nos deparamos com uma crise mundial como a pandemia do coronavírus, percebemos a fragilidade do ser humano, seja ele abastado financeiramente ou não. O que nos ensina que esse tal "dinheiro" se trata apenas e tão somente de um meio.

Temos muito a aprender. Acredito que, passada a crise, estaremos diferentes de quando entramos. Isso porque, se olharmos para as catástrofes, as guerras que o ser humano vivenciou, todos os que sobreviveram saíram fortalecidos, com aprendizados jamais vividos.

Após esse triste episódio, os padrões de vida serão completamente diferentes, e para muitos essa mudança será avassaladora. O que remete a um grande aprendizado, em especial, que defendo há muitos anos, o da **sustentabilidade financeira**.

Portanto, não importa como de fato você estava antes desta crise; o que importa de verdade é como você quer estar após ela. E eu, na qualidade de **missionário da Educação Financeira**, convoco você e sua família a buscarem o verdadeiro sentido da vida. O dinheiro passa, a partir deste momento, a ser um meio importante, que deverá ser respeitado, mas jamais adorado como um prêmio, como até então a sociedade o intitulava.

Agora, o que importa mesmo é você buscar junto aos seus o verdadeiro sentido da vida – os propósitos e os sonhos –, fazendo com que sua vida esteja conectada com o seu verdadeiro mundo, o mundo do SER sustentável, em equilíbrio com o **TER dinheiro**, que é o meio.

04

O QUE IMPEDE VOCÊ DE TER DINHEIRO?

São vários os fatores que impedem as pessoas de terem o dinheiro. Podemos relatar diversos deles, mas tudo começa pelo comportamento não adequado do manuseio e do entendimento do real papel do dinheiro em nossas vidas.

Pense um pouco: quando você era uma criança e pegou o seu primeiro dinheiro, provavelmente gastou ele todinho, sem qualquer pudor. Aliás, isso também aconteceu com seus pais e seus ancestrais. A diferença é que eles tinham pouca acessibilidade ao crédito fácil, o que impedia de se endividarem em excesso.

Lidar com o dinheiro não é uma ciência exata. Muitas pessoas se confundem pensando que números, planilhas, cálculos, fazer contas são a base para ter ou não dinheiro. Isso é uma inverdade! Porque o dinheiro só é bem administrado quando entendemos que ele provém de uma ciência humana e tem relação direta com o comportamento, fazendo com que seu manuseio se torne hábitos saudáveis quando educados financeiramente e não saudáveis quando ignorantes na matéria.

Para ser objetivo e direto, vou elencar alguns fatores que certamente levarão você a uma boa reflexão e, com isso, enfrentar o que até hoje pode ter sido o que impediu você de ter o dinheiro como seu aliado.

VONTADE DE TER O DINHEIRO

Qual é a sua vontade de ter o dinheiro em mãos? Nesta obra eu falo sobre a alergia ao dinheiro, será que você é alérgico a ele? É para você refletir. Se você não consegue retê-lo em suas mãos, é muito provável que você precise seguir as orientações do capítulo "Alergia ao dinheiro".

SABER RETER O DINHEIRO

É você saber que ele é o agente que realiza tudo o que você quer: suas necessidades, seus desejos, seus sonhos e até sua independência financeira. É quase uma arte ganhar e saber guardar parte do que ganha. Você deve experimentar. Eu sei que na maioria das vezes as pessoas respondem: "O que eu ganho não dá nem para minhas contas do mês!... Como vou reter?".

É simples, você está vivendo com um padrão de vida fora da sua realidade. Leia o capítulo "Padrão de vida".

VALORIZAR O DINHEIRO

Quando você não gosta de alguma coisa, quando não quer alguma coisa ou quando não nota e não vê, é muito provável que você também não a valorize. Assim é com o dinheiro: quando você o despreza, ele não ficará em suas mãos.

RESPEITAR O DINHEIRO

É saber quanto custa. Ao conquistar o dinheiro, é provável que tenha vendido suas horas de vida. Se você valoriza e respeita o tempo, por que você não respeita o que provém do seu tempo, que é o dinheiro?

APRENDER QUE O DINHEIRO É MEIO

Assim como o trabalho é um meio, o que provém dele, que é o dinheiro, também é um meio. Mas, para grande parte das pessoas, o dinheiro é um prêmio, um fim.

Se você observar esses programas que têm como premiação o dinheiro, você vai constatar que aquelas pessoas querem ganhá-lo para pagar dívidas, e não para realizar algo novo, ou seja, elas estão andando para frente, mas olhando pelo retrovisor!

PENSAR NO DINHEIRO NO CURTO PRAZO

Quando se dirige um carro, olha-se para onde? Claro que a resposta é para o horizonte, uma visão de longo alcance. Assim pode-se desviar, reduzir a velocidade e até parar em caso de uma necessidade. Com o dinheiro isso não acontece. Tudo começa pela criança. Ao pegar o dinheiro, a maior parte das crianças vai gastar tudo com guloseimas.

Quando jovem, passa a gastar tudo com seus passeios prediletos, e os adultos seguem esses hábitos de gastar tudo de forma imediata.

Ao chegar o momento da necessária aposentadoria, constata que não acumulou nenhuma reserva financeira por conta de hábitos praticados de forma equivocada com todo o dinheiro ganho. O resultado disso é uma aposentadoria pífia, que não garante a sustentabilidade financeira. Denomino isso **visão míope da vida financeira.**

PERCEBER O QUE O DINHEIRO PROPORCIONA

Quando falo em percepção, estou dizendo em olhar mais para o dinheiro. Não de forma material apenas, mas de enxergar que ele pode e deve ser meio realizador das suas necessidades e de seus sonhos. Essa percepção só é constatada e revelada quando estamos vivendo momentos de dificuldades, como a crise do coronavírus, por exemplo.

TER RESPONSABILIDADE COM O DINHEIRO

Devemos ter responsabilidade sobre o que praticamos em nossa vida.

Quando crianças ou jovens, estudamos com responsabilidade. Quando adultos, trabalhamos da mesma maneira. Esses foram os meios que nos levaram ao que hoje somos e temos. Por que com o dinheiro você não teve ou não tem a mesma responsabilidade? Pense nisso!

SABOTAR O DINHEIRO

Você praticou e pratica a autossabotagem financeira há anos. Sempre buscou as desculpas, como falamos no capítulo "Vilões do seu dinheiro".

REALIZAR SONHOS E PROPÓSITOS

Você até pode pensar que sabe quais são os seus sonhos e/ou os da sua família. O que você não sabe são as respostas para as perguntas a seguir:

- **Qual é o sonho?**
- **Quanto ele custa?**
- **Em quanto tempo pode realizá-lo?**
- **Quanto vai guardar por mês?**
- **De onde pretende tirar esse dinheiro?**

SER AMBICIOSO

Quem não tem ambição quase sempre não consegue identificar seus sonhos e propósitos e a provável consequência da ausência de dinheiro pode vir daqui. Não estou falando de ganância, e sim de um agente que desperte o querer realizar. Você é ambicioso ou não? Se não, veja o próximo fator.

ESTAR ACOMODADO

Quando você olha para uma pessoa e observa que ela não se desenvolveu no seu SER e TER, quase sempre está vivendo em uma zona de conforto, não é ousada, não tem vontade de crescer e se desenvolver e acomoda-se com o que tem.

Isso não quer dizer que a pessoa tem que alcançar algum patrimônio; o que ela precisa identificar é se ela se sente feliz como está.

CUIDAR DA HERANÇA

Quando nos deparamos com pessoas cujos antecessores deixaram recursos financeiros ou patrimônio, e estas não participaram da sua construção, é muito comum elas não se esforçarem para ganhar seus próprios recursos.

Muito pelo contrário, quase sempre acabam derretendo esses ativos e se tornam algo como "pai rico, filho nobre, neto pobre".

SATISFAZER COM POUCO DINHEIRO

Algumas pessoas não têm muita clareza do que vieram fazer na Terra. São pessoas que deixaram de sonhar, seja por uma frustração e/ou ruptura. Com isso, veem o dinheiro como algo não significativo, perdem o sentido de ganhar e viver melhor.

PROCURAR O CONHECIMENTO

O conhecimento é o grande alicerce do ser humano. Com ele conseguimos ganhar mais dinheiro, realizar mais desejos e sonhos e até mesmo melhorar a qualidade de vida.

IDENTIFICAR O EFEITO MANADA

Somos uma sociedade globalizada. A tecnologia nos trouxe proximidade, facilidades e acessibilidade, entre outros benefícios. Como todas as coisas boas, nem sempre enxergamos os riscos daquilo que pode não ser tão bom.

Como é o caso das redes sociais. Basta um influenciador colocar em suas redes sociais que algo é bom que a maioria das pessoas acreditará.

Isso acontece em todas as áreas, inclusive no universo do dinheiro. Existem pessoas e/ou empresas que são patrocinadas por outras, a fim de vender algum produto. O que leva as pessoas a gastarem o que têm e o que não têm aplicando seus recursos financeiros em locais não seguros.

Será que você está nesse efeito manada? Quem são seus influenciadores? Verifique se estão promovendo produtos de terceiros; se estiverem, analise e caia fora!

ANALISAR PROMOÇÕES

Nem sempre o que está mais barato é uma boa opção de compra. Lembre-se: as ofertas sempre têm suas razões de existirem.

Grande parte das promoções é originada pela falta de venda, estoques abarrotados, curta validade de produtos ou ainda são verdadeiras iscas para vender outros produtos.

Quando olhar para uma promoção, faça as perguntas básicas do consumo consciente:

- **Eu preciso disso?**
- **Eu tenho dinheiro e não fará falta para outras necessidades e desejos?**
- **O que isso vai agregar de valor e melhoria de vida?**
- **Isso é mais importante que meus sonhos?**
- **Isso me trará custo de manutenção?**
- **Eu tenho esse recurso dentro do meu orçamento financeiro para bancar essas manutenções?**
- **Esse dinheiro vai fazer falta para minha aposentadoria sustentável?**
- **Eu tenho reserva financeira para, no mínimo, seis meses?**

Poderia ficar horas descrevendo o que impede as pessoas de terem o dinheiro como um aliado. Acredito que com esses fatores, você pode melhorar seu desempenho e entender um pouco mais sobre educação financeira.

05 VILÕES DO SEU DINHEIRO

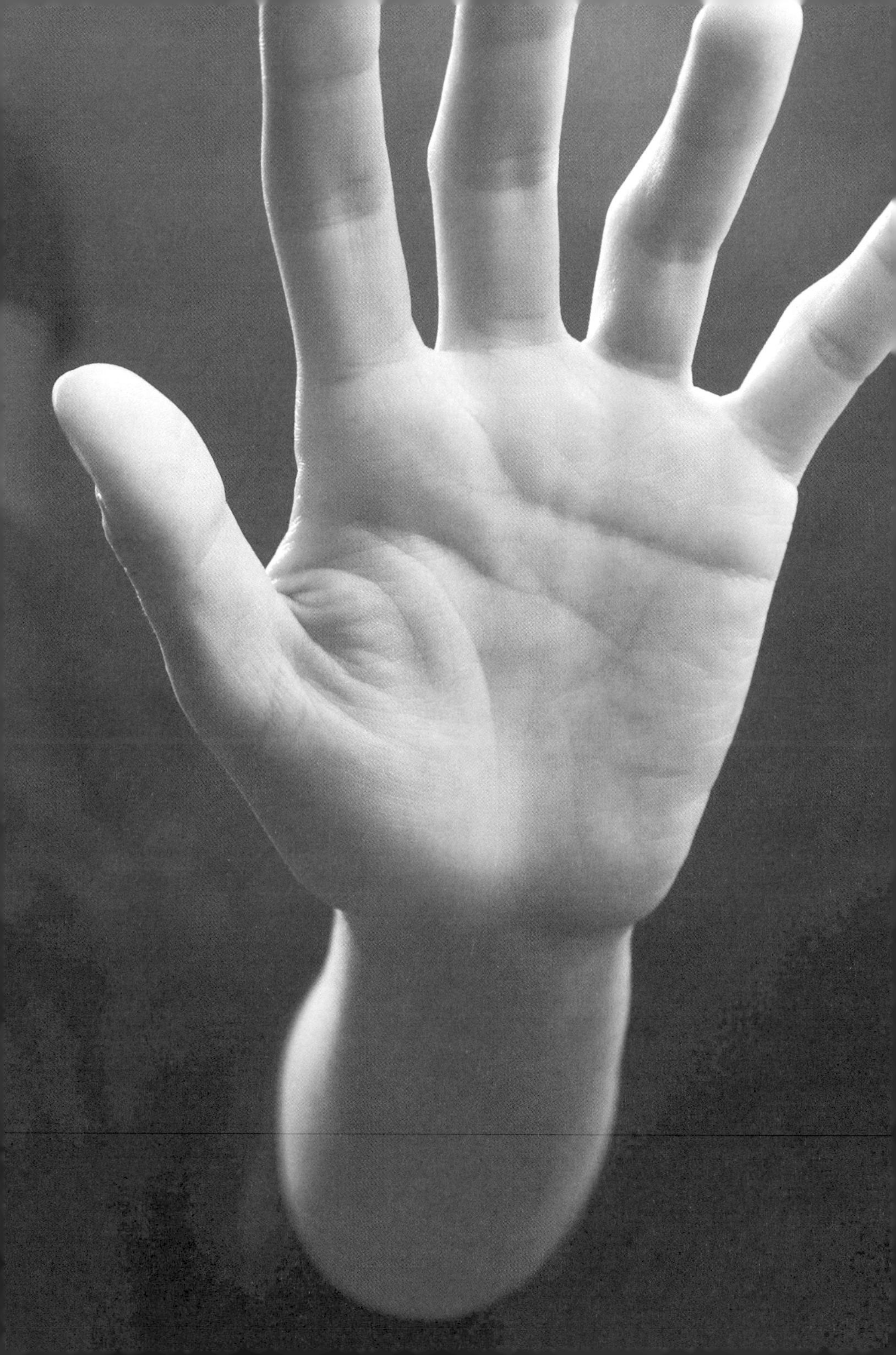

Todos nós temos nossos fantasmas. Muitas vezes, somos covardes e nos escondemos dentro do nosso casulo, até reclamamos, mas não agimos. Quase sempre assistimos e observamos o que as outras pessoas fazem e até deixam de fazer.

Somos responsáveis pelas nossas atitudes, e uma que eu quero ressaltar é a responsabilidade pelo seu dinheiro, que por vezes você condenou. Mas como assim? Veja se você já falou e/ou pensou assim:

- **Eu ganho pouco.**
- **Sou injustiçado! Meu colega de trabalho teve aumento/ foi promovido, e eu não!**
- **Meu dinheiro não dá pra nada.**
- **Dinheiro é sujo!**
- **Quanto mais eu ganho, menos eu tenho.**
- **Se eu ganhasse na loteria, resolveria todos os meus problemas.**

Acredito fielmente que somos movidos por nossos pensamentos. Ao pensarmos dessa maneira, estamos trazendo tudo isso para o nosso ser, e consequentemente, o resultado será exatamente aquilo que expressamos. Esse é o maior vilão do ser em relação ao dinheiro. Não o respeitamos, o criticamos, o escrachamos e ao mesmo tempo buscamos por ele a todo momento.

Outros vilões também são importantes de serem lembrados, como a ausência do porquê da existência do dinheiro. Como meio que é, não o valorizamos e não o carimbamos para nossos desejos e sonhos. E, quando isso não acontece, estamos de forma inconsciente desprezando-o, e esse desprezo é o vilão inconsciente.

Ainda nessa linha de pensamento, cito o consumo inconsciente como vilão. Desde criança aprendemos a consumir todo o nosso dinheiro sem qualquer critério. E como ele aparenta ser finito, mesmo não o tendo em nossas mãos, na fase adulta somos empurrados para o crédito. Declaro, no entanto, o crédito como representante oficial do dinheiro.

Em todas as fases da nossa vida convivemos com outro vilão, o excesso de gastos. Temos excesso na energia elétrica de nossa casa, naquilo que bebemos e chamamos de água, naquilo que vestimos e chamamos de roupa, naquilo que comemos e chamamos de alimento. Você já parou para pensar como esse vilão já consumiu boa parte do seu dinheiro?

E ainda nessa esteira, outro vilão são os supérfluos. Aquilo que comprou, não usou e continua pagando prestações. Olhe com muito cuidado, e se possível, elimine-os.

A própria falta de capacidade de interpretar o básico entre investimento e poupança pode ser classificada como mais um dos vilões. Quando as pessoas olham para os investimentos, acabam se iludindo e pensando que sabendo investir ficarão ricas, milionárias e até bilionárias. Mas se afogam diante do grande vilão da falta de conhecimento.

Existe um ditado muito antigo: "Quem muito quer em pouco tempo nada tem". Quem muito quer ganhar rapidamente acaba perdendo tudo. A ausência da educação financeira e da busca por conhecimento é o vilão da ignorância do ser, da não busca pelo conhecimento da educação financeira.

Pare e pense: Quanto pagou por seu veículo? Quanto ele vale hoje? Pois é, ele perdeu o valor de compra. São os vilões da depreciação dos bens móveis e imóveis. Isso se aplica a outros itens como roupas, móveis etc. Tente vender alguma coisa da sua casa e verá que não consegue nem 20% do valor da compra.

Para concluir, trago o campeão desses vilões: a **INFLAÇÃO**. Ela é o câncer da perda do poder aquisitivo do nosso dinheiro. Você vive ganhando e gastando sem ao menos notar que a cada dia está mais pobre em relação aos seus recursos financeiros.

É como na crise: alguém chora, alguém sorri. Alguém compra lenço enquanto outros o vendem. Alguém paga essa conta. Não existe nada de graça. Quando alguém compra, alguém vende. Quando alguém ganha, alguém perde.

Mesmo aqueles que são investidores perdem dinheiro com o vilão da inflação verdadeira. Nenhuma aplicação no mundo consegue repor a perda do valor do dinheiro.

Os vilões do dinheiro sempre existirão. Fique atento! Já é certeza que vamos gastar. O segredo será em como e em que gastaremos.

06 ALERGIA AO DINHEIRO

Você tem alergia ao dinheiro? Talvez você tenha e nem saiba!

Não estou falando do dinheiro em espécie, mas o que ele representa para você. Muitas pessoas não conseguem reter o dinheiro, e ele simplesmente passa pelas mãos delas. É como se tivessem uma espécie de alergia mesmo. Algo que faz com que as pessoas tentem se livrar do agente alérgeno o quanto antes.

Como terapeuta financeiro, atendi muitas pessoas recomendadas por psicólogos que, entre seus problemas e traumas, apresentavam ausência de domínio do dinheiro.

Em momentos de crise, quando todos buscam dinheiro, parece até uma contradição, pois o dinheiro era, até então, um vilão, com todo mundo gastando em sua totalidade; agora, com a crise, é requisitado para a salvação.

Com isso, fica evidenciado que o dinheiro, para boa parte das pessoas, é tratado como fim, e não como meio. Isso se agrava ainda mais quando migramos do papel moeda para o digital, ou seja, não o enxergamos, tampouco dominamos o caminho que ele percorre. Ao nos depararmos com a necessidade de tê-lo, nos frustramos e até praticamos a autossabotagem, e possivelmente nos questionamos se ganhamos pouco ou se somos pouco valorizados ou mesmo tentamos descobrir onde todo o valor foi gasto.

Outro ponto que se deve observar é em relação ao papel moeda. Se você tiver uma nota de R$ 100,00, a tendência é que não gaste com a mesma facilidade caso tenha dez notas de R$ 10,00. É como se os R$ 10,00 não tivessem a mesma importância dos R$ 100,00. Temos mais alergias às notas de menor valor do que às notas de maior valor.

Na educação financeira você aprende a valorizar cada centavo de dinheiro, lembrando que, para ter 1 milhão de reais, é preciso começar pelo primeiro real.

"QUEM NÃO RESPEITA UM TOSTÃO JAMAIS TERÁ UM MILHÃO."

O crédito também tem contribuído para que essa alergia aumente ainda mais. Muitas pessoas perderam a noção do real valor do dinheiro. Quando compramos a prazo, aparentemente o dinheiro não saiu de nossas mãos, o que não é verdade. O que acontece é que você já está deixando de tê-lo, afinal o valor de cada parcela estará comprometido nos seus ganhos futuros. É só uma questão de entender o tempo.

Isso também acontece do outro lado da moeda. Imagine uma aplicação financeira de renda fixa no valor de R$ 1.000,00 para receber R$ 1.100,00 no futuro. Você ganhou ou não ganhou esses R$ 100,00? É como contar com o ovo que a galinha ainda não botou. Nos dois exemplos, um pagando a prazo e outro recebendo a prazo, não nos damos conta do que temos que pagar, mas focamos o que vamos receber.

Outro exemplo é perguntar para uma pessoa quanto ela ganha. Geralmente a resposta será referente ao valor bruto. Quando na verdade o que ela deveria responder é o valor do ganho líquido. Isso mostra que as pessoas, de modo geral, não se conectam ao que elas gastam, e sim ao que elas ganham ou vão ganhar.

Gastar o dinheiro não é um problema. Aliás, devemos gastar sim. O que sempre observo e recomendo é que gaste com equilíbrio entre as necessidades e os sonhos. Em ambos os casos, gastamos. Pensando dessa forma, o antídoto para que esse problema da alergia seja resolvido é buscar o caminho que seu dinheiro está percorrendo e o destino que está dando para ele. Uma vez descoberto, o problema da alergia será resolvido.

Não devemos amar nem adorar o dinheiro, e sim respeitá-lo, porque ele é o meio que nos leva a realizar nossos sonhos e propósitos.

07

O NOVO JEITO DE EMPREENDER

Sabemos que as atividades profissionais nos últimos anos vêm sendo objeto de diversas surpresas. Profissões novas aparecendo, assim como outras desaparecendo. Por falar nisso, como está a sua atividade profissional? Está em crescimento ou em declínio?

Diante de um quadro de instabilidade, muitas atividades estão se reinventando. Empresas de contabilidade que há bem pouco tempo trabalhavam com processos analógicos e burocráticos, além de muitos papéis, vêm se automatizando de tal forma que podem ser rebatizadas de empresas de *software* que têm a contabilidade como meio. Não é diferente com as empresas jurídicas, agentes de investimentos, entre outras.

Quando trago esse tema de modernização em minhas abordagens, procuro ser muito otimista. Mas não deixo também de ficar preocupado. As pessoas ainda não se deram conta de que suas atividades profissionais estão chegando ao fim. E pior: não estão buscando uma melhor qualificação ou até mesmo a mudança dessa atividade para outra.

Em momentos de crise a questão se agrava ainda mais. Com o avassalador mundo digital, as empresas descobriram que não precisam de estruturas físicas gigantes. O que será dos megaescritórios e seus custos com locação, água, energia elétrica, condomínio, internet, entre outros, quando os investidores notarem a não necessidade desses espaços? Você está preparado para esse desafio pós-crise?

Assim como os espaços físicos serão menos habitados, por outro lado, já está havendo um crescimento acelerado do trabalho *home office*. Os desafios não param. Esse novo profissional nem mesmo tem uma estrutura adequada em sua casa, nem recursos como espaço reservado, infraestrutura e equipamentos. E ainda para agravar, como lidar com a família e a relação de trabalho em casa, já que nunca passamos por essa realidade?

Relato uma outra preocupação que vem da ausência de estrutura tecnológica e digital de milhões de empresas que foram surpreendidas quando tiveram que mudar suas atividades para o "*home office*": não estavam preparadas com sistemas, segurança digital, processos, entre outros.

Como profissional da educação financeira, essa reinvenção não foi diferente comigo. Por ser esforçado e perceptivo, há mais de três anos, precisamente em 2017, dei início a uma plataforma digital para atender as demandas de educação financeira nos mais diversos segmentos. Saindo do modelo de regionalização para o modelo sem fronteiras, sem exclusividade de espaço e de região, com recorrência, sustentabilidade e multiplicadores por meio de tutores. Com essa iniciativa prévia, o impacto da crise foi menor. O grande desafio não foi de empreender o negócio, e sim as pessoas, os profissionais que tiveram que se reinventar do dia para a noite.

Imagine pessoas que durante anos trabalharam no modelo presencial e agora precisam migrar para o digital. Parece simples, mas não é. Trata-se de uma cultura digital, e a grande maioria das empresas não tem. Este é um desafio dos empreendedores a ser resolvido no mundo. Em meu livro *Empreender vitorioso com sonhos e lucro em primeiro lugar*, apresento um novo conceito do empreender, em que o foco está nas empresas negócio e família!

08

O QUE FAZER E NÃO FAZER EM TEMPOS DE CRISE

Tenho um grande desafio e também uma grande responsabilidade. O que falar para você a respeito de uma crise financeira provocada por diversos acontecimentos de forma simultânea – guerra do petróleo, pandemia do coronavírus, fechamento de fronteiras, queda vertiginosa em todas as bolsas de valores do planeta, crise política entre os poderes, dólar nas alturas, taxa de juros Selic em baixa, inadimplência de mais de 100 milhões de brasileiros, aumento do desemprego, da fome e da miséria no mundo, inflação descontrolada pelo aumento da impressão de moedas, apagão mercantil no Brasil e no mundo.

Veja só, não sou guru, tampouco profeta, mas posso afirmar, venho buscando a sustentabilidade financeira, não só no Brasil como no mundo, já há mais de uma década. Aqueles que conseguiram aprender com meus ensinamentos e conseguiram praticá-los estão a salvo.

Apresento para você o que **fazer** e o que **não fazer**.

1. MOSTRAR PARA SUA FAMÍLIA QUE VOCÊS ESTÃO VIVOS

Como não se resolve nada sozinho, sempre nos reportamos a alguém, seja na nossa família, seja nos negócios, pois somos seres humanos e vivemos em uma sociedade. Chegou o momento de você entender a cabeça de cada um de seus familiares, isto é, o que eles pensam sobre este episódio. É importante entender seus pensamentos porque podem estar neles algumas das soluções que você ainda não enxergou. Não queira ser o super-herói, divida com eles essa honra.

Mostre que a vida é como a batida de nossos corações, cheia de altos e baixos, que o que parece ser um grande problema pode ser uma maravilhosa oportunidade de começar uma nova e próspera jornada.

Pratique o otimismo e o pensamento positivo. Você veio à Terra para brilhar. Fazemos aniversários todos os dias, então comemore todos os dias o seu nascimento. Lembre-se: somos o milagre da vida!

2. BUSCAR O PROPÓSITO DE VIDA DE CADA MEMBRO DA FAMÍLIA E DO COLETIVO TAMBÉM

Descubra os verdadeiros sonhos e propósitos de cada um de seus familiares. Trata-se de um exercício muito legal. Evite começar por assuntos negativos, eleve o pensamento, assim como de todos para visualizarem sonhos, desejos, verdadeiros propósitos de cada um e também do coletivo da família.

3. LEVANTAR TODOS OS CUSTOS E DESPESAS DE CASA

Momento de crise, momento de limpeza. Limpar tudo aquilo que pode atrapalhar a sua sustentabilidade financeira. É como uma faxina da sua casa, em que você muda os móveis de lugar e até chega a doar alguns deles. É assim que você fará com 100% dos seus gastos.

Acredite, em seu lar há excessos de aproximadamente 50% desses custos.

4. APOIAR O SEU NEGÓCIO (PRÓPRIO OU DE TERCEIROS)

Se você é dono do seu negócio ou ainda trabalha no regime empregatício (público ou privado), você deve se juntar aos pensamentos, missão, valores e decisões desse negócio. É muito comum as pessoas criticarem, reclamarem, mas não buscarem mais informações. Todos nós somos empreendedores, independentemente de sermos donos do negócio ou não. Todos nós trabalhamos em prol de resultados. Em momentos de crise, devemos juntar forças para o enfrentamento das adversidades.

5. ADEQUAR O CUSTO DE VIDA À NOVA REALIDADE

O que você ganha é mais do que você gasta? No capítulo "Padrão de vida", você entenderá melhor sobre o que quero dizer com custo de vida. É preciso romper paradigmas de décadas e às vezes de até uma centena de anos, visto que somos sucessores de nossos ancestrais, e muitas vezes só damos continuidade a um modelo que já precisava ser mudado. Agora é com você: mude, transforme-se, influencie sua família e amigos a mudarem também. Somos mais fortes quando juntamos forças, e aí sim, podemos dividir os louros.

6. MONTAR O SEU ORÇAMENTO FINANCEIRO MENTAL E COMPARAR COM O REAL

Se ainda não conheceu a **Metodologia DSOP**, da qual sou mentor, seu orçamento financeiro certamente está estruturado desta forma:

GANHOS - GASTOS =
SOBRA OU FALTA DE DINHEIRO

O que eu proponho é que você mude esse modelo mental de fazer o seu orçamento e comece a fazer da seguinte maneira, conforme ensino no meu livro *Terapia financeira*:

GANHOS (-) { LONGEVIDADE / SONHOS / PRESTAÇÕES/ DÍVIDAS } (-) RESERVA ESTRATÉGICA (-) GASTOS

= SOBRA OU FALTA DE DINHEIRO

7. CONHECER MAIS SOBRE O DINHEIRO INVESTIDO

Um dos grandes diferenciais para o enfrentamento de uma crise financeira é ter dinheiro investido, e, para isso, convido você a ler o capítulo "Dinheiro investido".

8. AJUDAR O OUTRO (SER SOLIDÁRIO AO MOMENTO VIVIDO, SEM SE ENVOLVER)

"Mais se beneficia quem melhor serve." Como rotariano, aprendi esse *slogan* e sempre o pratiquei. Serviço é diferente de filantropia. Não sou contra, porém procuro sempre buscar e levar os meios para a pessoa necessitada, a fim de que ela mesma possa alcançar a sustentabilidade financeira com dignidade.

9. APRENDER, PRATICAR E ENSINAR A EDUCAÇÃO FINANCEIRA PARA OUTRAS PESSOAS

Essa é a minha missão. Fui agraciado durante minha vida ao vivenciar esse aprendizado, o que me permitiu **estar sustentável financeiramente**. Você, assim como eu, em momentos de crise, deve passar por novos e grandes aprendizados, e, dessas práticas, poderá ensinar as pessoas que não conseguiram enxergar esses novos conhecimentos. Quando aprendemos e praticamos, assumimos o papel de professor. Bem-vindo ao universo do compartilhar.

10. PROTEGER A SUA CAIXA D'ÁGUA FINANCEIRA

Quando vivemos uma crise, precisamos analisar o tamanho de nossa reserva financeira e, do outro lado, a entrada de dinheiro durante e depois do período de crise (vide capítulo **Caixa d'água financeira**).

11. BUSCAR GANHOS EXTRAS

Como seres humanos, somos uma metamorfose ambulante. Aprendemos no amor e na dor. É sempre possível ganhar mais do que estamos ganhando. Muitas pessoas buscam essas práticas somente em momentos de dificuldades. Se eu falar que você já tinha essa necessidade antes da crise, acreditaria? Falo isso porque você perde seu poder aquisitivo a cada mês. Já havia a necessidade de reduzir gastos ou buscar uma renda extra para manter a qualidade de vida desejada. Essa prática seria no amor. Neste momento, buscar renda extra pode ser pela dor, visto a necessidade de recursos financeiros durante a crise. Faça uma análise com sua família e explore as habilidades e competências de cada membro. Você pode se surpreender e até nascer um novo negócio.

12. PRIORIZAR SAÚDE, EDUCAÇÃO E ALIMENTAÇÃO

Por que priorizar saúde, educação e alimentação? É simples. A saúde para que todos possam estar em plenas condições físicas e mentais. Educação é continuar investindo para aprimorar suas atividades ou até desenvolver novas habilidades. Quanto à alimentação, por sermos seres humanos, necessitamos de uma alimentação balanceada, em especial quando temos uma pandemia nos rodeando.

13. DESAPEGAR-SE DE OBJETOS QUE NÃO AGREGAM VALOR À VIDA

Se você tivesse que mudar hoje de sua casa para uma outra com um espaço 70% menor, o que faria com seus móveis, roupas, objetos, enfim, todos os itens? Certamente, você teria que desapegar de muitas coisas, vendendo, doando, não importa a forma. Perceba que, independentemente de mudar ou não, você já pode fazer isso – basta praticar. Somos seres muito apegados ao material, e só nos deparamos com essa realidade quando temos alguma ocorrência. Faça diferente, desapegue-se já.

14. NUNCA MAIS ANTECIPE PARCELAS DE DÍVIDAS

Saber conviver com dívidas/prestações é uma arte na educação financeira. Quando você começar a praticar de forma sustentável e organizada, verá que muitas conquistas se tornarão realidade. Pare e pense: uma pessoa tem o sonho da casa própria; poupa para dar entrada, financia por trinta anos o restante, recebe as chaves e, pronto, realizou seu sonho. De repente, do nada, ela cria um novo sonho, que é quitar a casa própria e reduzir o prazo, antecipando as parcelas finais. E começa a buscar em seu orçamento financeiro dinheiro para essa prática, além de furtar o recurso financeiro que garante a sustentabilidade, que é o FGTS. A ausência de sustentabilidade por milhões de pessoas é uma realidade. E uma boa parte delas pratica esses atos. E agora querem prorrogar aquelas prestações, que anteriormente anteciparam, pela falta de dinheiro guardado.

15. APRENDER A COMPRAR À VISTA E A PAGAR A PRAZO (RESPEITAR SUAS PRESTAÇÕES)

Praticar uma compra consciente, de produtos ou serviços, não é comprar à vista tudo o que você quer. Na educação financeira, você precisa usar o sistema a seu favor. Sempre busquei o preço à vista e, ao final da negociação, optei pelo pagamento a prazo do valor à vista, deixando meu dinheiro aplicado, rendendo juros.

16. NÃO TER CONTAS EM DÉBITO AUTOMÁTICO

Quando terceirizamos nossa vida financeira para os bancos, estamos inconscientemente dizendo: Não estou conseguindo controlar os vencimentos dos meus compromissos (prestações, energia elétrica, água, gás etc.). Esse é um sintoma muito perigoso da gestão financeira de nossas famílias e negócios.

Imagine uma conta de energia elétrica em que o medidor anotou 20.000 kW em vez de 200 kW, como era o consumo rotineiro da família. E para piorar, você tem um bom relacionamento no banco, com limite no cheque especial, e por estar no sistema automático, acaba nem mesmo verificando esse débito. O resultado pode ser drástico, pois, se você não contava com esse valor, a conta de energia comerá o seu dinheiro e, em alguns casos, o seu cheque especial. Ao notar o erro, precisará arcar com os juros do cheque especial, os custos de um advogado para reverter a situação, além do desgaste e do seu precioso tempo.

17. PRORROGAR DÍVIDAS E IMPOSTOS

É preciso ficar atento às dívidas que podem ser objeto de prorrogação, carências e reduções. Essas dívidas quase sempre provêm de financeiras. Em casos de pandemia, em que é declarada calamidade pública, o comportamento a ser usado é o de guerra contra prestações que não agregam valor, tampouco visam à sustentabilidade imediata vivida.

Dizer não ao pagamento com coerência e respeito ao credor é o caminho a seguir. Não tenha medo de ter o seu nome negativado neste momento. Aliás, até mesmo naquelas dívidas que trazem bens em garantia, deve-se buscar a prorrogação. O crédito consignado que come 30% da sua renda precisa de uma atenção especial, já que é um dos piores produtos financeiros, visto que a sua negociação é difícil, por estar sendo debitado diretamente do seu ganho/benefício. Atente-se também ao cartão de crédito, que é responsável por mais de 80% das negativações: requer mais coragem, porque os seus juros são muito altos – esse é o motivo de você buscar por uma prorrogação do vencimento da fatura, com posterior parcelamento sem juros de preferência e/ou no máximo, juros Selic. Quanto aos impostos (municipais, estaduais e federais), atentar-se para as prorrogações já previstas na legislação. Caso não haja essas prorrogações, opte pelo não pagamento e um posterior refinanciamento (Refis) após a crise.

18. NEGOCIAR ALUGUÉIS E CONDOMÍNIOS

O **aluguel** é muito importante para quem recebe e para quem paga, seja nos negócios ou nas famílias. De um lado, o locador ganha; do outro lado, o locatário paga. Independentemente de qual lado você esteja, o melhor é usar o bom senso e o respeito mútuo, visto que se trata de um item muito delicado. A negociação em momentos de crise é o que recomendo. Sugiro que as partes cheguem a um consenso de 50%, evitando assim um impacto maior no orçamento financeiro de ambas. Quando somamos boas intenções, podemos minimizar problemas de ambos os lados.

Caso o consenso não aconteça, em momentos de crise com calamidade pública, o caminho pode ser pelo não pagamento ou até mesmo pela busca e mudança para outro imóvel.

As despesas de **condomínio**, assim como as prioridades, devem ser cuidadas com muita atenção. O caminho é buscar por uma assembleia extraordinária e emergencial, com a pauta de redução nos custos diversos. O condomínio é uma associação sem fins lucrativos, mas ele também tem custos, como em nossos negócios e famílias. A orientação é reduzir 50%. Não se assuste: vai encontrar muitas despesas em excesso e algumas até supérfluas. A modernização e a tecnologia são as estratégias a serem usadas.

19. NEGATIVAR SEU NOME, SE FOR NECESSÁRIO

Ter o nome sujo pode, muitas vezes, ser a solução. Digo isso porque, quando o credor se depara com essa situação, suas expectativas de rever o valor diminuem. E com isso geralmente as negociações caem drasticamente, de 80% a 90% da dívida total. Recomendo a leitura do meu livro *Nome sujo pode ser a solução.*

20. EVITAR ACOMPANHAR VEÍCULOS DE COMUNICAÇÃO PATROCINADOS

Na comunicação, em especial quando ela traz orientações de como fazer, o que fazer, onde aplicar, é preciso redobrar sua atenção, principalmente se são patrocinados. O apresentador está sendo pago para falar bem daquele produto, que pode não ser necessariamente uma boa opção para você. Cuidado com o conflito de interesses.

21. NÃO DEPENDER DO GOVERNO

Quando chegamos a esse extremo de depender do governo para nos sustentar, é sinal de que não fizemos a nossa lição de casa. Eu sou um exemplo disso.

Nos meus 37 anos de idade, alcancei minha independência financeira. E de lá pra cá sou sustentável, independentemente das crises pelas quais passei. Pelo INSS, me aposentei recentemente nos meus 58 anos com três salários mínimos. Imagine se eu não tivesse praticado a educação financeira?! E você? Como se encontra em sua história? Está guardando dinheiro para a aposentadoria sustentável? Se não, convido a começar agora. E para aqueles que nem mesmo têm o

INSS, que é o caso de mais de 40 milhões de brasileiros, que se submeteram ao auxílio emergencial de R$ 600,00, busquem imediatamente a construção da sua sustentabilidade financeira.

09 PADRÃO DE VIDA

Independentemente da crise, **a manutenção de um padrão de vida reduzido deve ser o foco das suas ações.** Ao reduzir os ganhos, a engrenagem econômica e financeira tem como resultado uma redução do giro do recurso que chamamos de dinheiro. Consequentemente, haverá também impactos diretos e indiretos em nosso cotidiano.

Aquele que nos paga recebe daqueles que devem a ele. Estes estão recebendo menos; portanto, quem nos paga estará também recebendo menos dinheiro, e, por tabela, seremos mais cedo ou mais tarde vítimas dessa redução.

Um destruidor ferrenho do padrão de vida que poucos de nós conseguimos enxergar é a perda do poder aquisitivo do nosso dinheiro. Se viajarmos no túnel do tempo, a quantidade de itens que você compra com R$ 100,00 hoje equivale a apenas 20% de cinco anos atrás. Faça o seguinte exercício:

BUSQUE PELO VALOR DO SEU GANHO MENSAL DE CINCO ANOS ATRÁS E COMPARE COM SEU GANHO ATUAL. QUANTO TEVE DE AUMENTO EM PORCENTAGEM?

BUSQUE PELO VALOR DO SEU GASTO MENSAL DE CINCO ANOS ATRÁS E COMPARE COM SEU GASTO ATUAL. QUANTO ESSES PRODUTOS AUMENTARAM EM PORCENTAGEM?

É muito provável que a relação entre seus ganhos comparados com os seus gastos sofreu grandes impactos de perda do poder de compra. Isso antes da crise. Porque essa perda está sendo muito maior, já que grande parte dos ganhos teve reduções drásticas, ou seja, uma perda frontal e quase irreparável em seu padrão de vida. Digo quase, porque você pode construir uma nova história.

Voltando ainda mais no seu túnel do tempo, se, desde o seu primeiro salário, você tivesse adquirido o hábito de gastar no máximo 50%, imaginando que naquele momento não tinha compromissos nem dívidas assumidas, seu ideal de padrão de vida seria bem diferente hoje em dia, em que as pessoas tendem a gastar muito além do que ganham. **Seu padrão de vida estaria 50% para os gastos e 50% para reservas,** o que seria o grande **antídoto** para o enfrentamento de qualquer crise.

AFINAL, VOCÊ SABE O QUE É PADRÃO DE VIDA?

Diferente do que muitos falam, pregam e ensinam – que o padrão de vida é o que você gasta –, na **Metodologia DSOP**, ele é composto do que você ganha e do que você gasta. E o que você gasta não necessariamente são as despesas, mas qualquer outro destino dado ao dinheiro. Isso significa mais uma quebra de paradigma.

Quando menciono padrão de vida, me refiro a um contexto em que você quer se posicionar em sua vida. Por exemplo: se eu ganho R$ 3.000,00, gasto R$ 2.000,00 e guardo R$ 1.000,00, as pessoas tendem a dizer que o meu padrão de vida é de R$ 2.000,00, o que não é uma verdade. Meu real padrão de vida é de R$ 3.000,00.

O ato de poupar uma parte dos recursos ganhos pode ter diversos destinos, como ficar na conta corrente, guardar para os sonhos, para a reserva estratégica ou até a independência financeira.

Já no contexto em que a pessoa gasta mais do que ganha, ela está buscando por um complemento de recursos financeiros, que chamamos de crédito, de uma instituição financeira ou até mesmo de algum amigo ou parente.

Nesse caso, o padrão de vida dessa pessoa é o total de seus gastos. Analisando o exemplo anterior, se eu ganho R$ 3.000,00 e gasto R$ 4.000,00, meu padrão de vida é de R$ 4.000,00.

O VERDADEIRO POUPADOR NÃO É AQUELE QUE INVESTE, E SIM AQUELE QUE REDUZ SEUS GASTOS DE FORMA CONTÍNUA, COMO O CORTAR DA SUA PRÓPRIA UNHA. PENSE NISSO!

Dito isso, apresento o conceito de **padrão de vida**:

PADRÃO DE VIDA É O AGENTE REGULADOR DA VIDA FINANCEIRA E FLUTUA JUNTO AO MOVIMENTO DA ENTRADA E DA SAÍDA DE DINHEIRO.

ELE É DETERMINADO PELO COMPORTAMENTO DE NOSSAS ESCOLHAS, INDEPENDENTEMENTE DO SEU DESTINO. SEU AUTOR PRINCIPAL É O GANHO QUE NORTEIA O SEU PONTO DE EQUILÍBRIO.

PhD REINALDO DOMINGOS

10

CAIXA D'ÁGUA FINANCEIRA

Para enfrentar uma crise financeira existem dois requisitos básicos:

1º RESERVA FINANCEIRA: trata-se de um recurso financeiro cuja finalidade é blindar sua vida pessoal e profissional.

2º GANHOS: são os recursos provenientes da sua remuneração, seja ela ativa (trabalho) ou passiva (juros).

Quero fazer uma analogia entre a *caixa d'água de sua família e/ou negócio e o dinheiro do seu bolso*. Quando pensamos em uma caixa d'água, visualizamos o quanto de água ela tem e quanto tempo ela dura. Já quando falamos de bolso, devemos visualizar o quanto de dinheiro há de reserva. Existem dois bolsos, o bolso da empresa família e o bolso da empresa negócio.

EMPRESA NEGÓCIO é o que você pratica como atividade profissional - CLT, funcionário público, autônomo ou até mesmo como um empreendedor do seu próprio negócio –, é tudo aquilo que você produz e principalmente ganha com o meio dinheiro (lucro, pró-labore, salário) em troca do seu tempo.

EMPRESA FAMÍLIA são os ganhos que provêm quase sempre da empresa negócio, e algumas vezes de ganhos passivos, ou seja, que não dependem diretamente do seu esforço. Seja qual for a reserva financeira de ambas empresas, conforme ensino no meu livro *Empreender vitorioso*, o que norteará para uma redução de gastos será a entrada de recursos financeiros.

Se uma pessoa recebe R$ 3.000,00 e tem uma redução de 50% em seus ganhos, seu padrão de vida que era de R$ 3.000,00 passará a ser de R$ 1.500,00. Para que isso aconteça, a operação terá que ser quase de guerra contra os custos do cotidiano, sem dó!

A conversa familiar se torna imprescindível. Apresente o problema e o porquê dessas decisões, não esquecendo o agente motivador, que são os sonhos e propósitos. Reforço ainda a importância de manter sua caixa d'água financeira cheia, pois lhe dará a tranquilidade para passar pela crise.

Caso não tenha reserva financeira, tampouco ganho, é necessário buscar renda extra, sempre observando suas habilidades e competências, bem como o desapego a bens móveis e imóveis, objetos que não estão sendo mais úteis no momento.

Ambas as empresas (família e negócio) necessitam de reservas financeiras. No caso do negócio, chamamos de capital de giro, que serve para qualquer eventualidade que a empresa venha a ter. A recomendação é que o negócio tenha dinheiro suficiente para manter sua funcionalidade e honrando seus compromissos, independentemente de novas entradas por, no mínimo, um período de **6 a 12 meses**. No caso da família, a reserva estratégica deve durar de **3 a 6 meses**.

11
SUSTENTABILIDADE FINANCEIRA

Caso não saiba, você sempre esteve em uma crise. Basta olhar para antes da pandemia e se perguntar quanto dinheiro tinha para passar por esse momento e outros. Diferentemente de outras situações, agora você tem alguém para culpar e está culpando a pandemia, os governos, as empresas. Mas quem será o verdadeiro culpado, eles ou você que deixou de procurar esses conhecimentos?

Até quando você vai continuar se autossabotando? O pior cego é aquele que não quer ver. E mais uma vez, você, sua família, seu negócio, sua cidade, seu estado, seu país e o seu planeta provam que sair dessa situação será um remédio muito amargo. Eu tenho convicção de que é possível. Se não havia sustentabilidade no seu dia a dia, não pode culpar qualquer outro evento que não seja o do próprio analfabetismo financeiro, seu desconhecimento em relação à Educação Financeira.

Fui duro com você, não fui? Você pode responder: Reinaldo Domingos, eu não estou com problemas financeiros, estou sustentável nesse momento da crise, como estava antes de entrar nela. E eu respondo: Parabéns, você é um de cada milhão que conseguiu entender o que viemos fazer na Terra. Ou seja, entendeu a necessidade de ser próspero, saudável e sustentável em todas as áreas da vida, inclusive na financeira.

Se você chegou ao ápice da sustentabilidade financeira é porque deixou de lado alguns desejos imediatos e fez escolhas que para muitos eram erradas, mas você ouviu o seu coração e tomou a decisão de **estar** educado financeiramente.

Em uma crise financeira é que a gente descobre a nossa fragilidade em relação à saúde financeira das pessoas, das famílias e dos negócios. Trata-se de algo muito triste quando olhamos para a ausência de sustentabilidade financeira.

É nessas horas que olhamos para um país e constatamos a sua fragilidade em relação ao trato com o dinheiro. Desde a célula empreendedora que é a família até nossos governos, que vivem endividados e fazendo, de tempos em tempos, refinanciamentos das suas dívidas públicas, ou seja, ratificando cada dia mais a sua ineficácia financeira.

Quando trago o país como sendo o centro dessa atenção, estou dizendo que vivemos em um planeta globalizado. Um planeta onde os países estão entrelaçados e conectados. Quando testados, fica evidenciado o analfabetismo financeiro no mundo.

Como estudioso da educação financeira, reconheço que esse problema não se resolverá nesta geração. Digo isso pela ignorância dos nossos governantes, os quais em grande parte das suas ações demonstram não conhecer o que é a verdadeira educação financeira. Prova disso é a AEF (Associação de Educação Financeira), constituída por instituições representantes do mercado financeiro, ou seja, fica evidenciado o conflito de interesse.

Disponível em: <www.aefbrasil.org.br/index.php/quem-somos>. Acesso em 2: maio 2020.

E ainda se buscarmos o que está sendo ensinado em relação ao tema na maior parte dos países, vamos encontrar finanças pessoais: saber fazer contas, cálculos, matemática, enfim. Até mesmo a Organização de Cooperação e de Desenvolvimento Econômico (OCDE), que tem como objetivo promover políticas que visam ao desenvolvimento econômico e ao bem-estar social de pessoas por todo o mundo, traz como princípio de educação financeira o foco em produtos financeiros e seus riscos. Mais um conflito de interesse, só que mundial.

De acordo com ela:

> **"A EDUCAÇÃO FINANCEIRA PODE SER DEFINIDA COMO O PROCESSO PELO QUAL CONSUMIDORES/INVESTIDORES FINANCEIROS APRIMORAM SUA COMPREENSÃO SOBRE PRODUTOS, CONCEITOS E RISCOS FINANCEIROS E, POR MEIO DE INFORMAÇÃO, INSTRUÇÃO E/OU ACONSELHAMENTO OBJETIVO, DESENVOLVEM AS HABILIDADES E A CONFIANÇA PARA SE TORNAREM MAIS CONSCIENTES DE RISCOS E OPORTUNIDADES FINANCEIRAS, A FAZER ESCOLHAS INFORMADAS, A SABER ONDE BUSCAR AJUDA E A TOMAR OUTRAS MEDIDAS EFETIVAS PARA MELHORAR SEU BEM-ESTAR FINANCEIRO. EDUCAÇÃO FINANCEIRA, PORTANTO, VAI ALÉM DO FORNECIMENTO DE INFORMAÇÕES E ACONSELHAMENTO FINANCEIRO, O QUE DEVE SER REGULADO, COMO GERALMENTE JÁ É O CASO, ESPECIALMENTE PARA A PROTEÇÃO DE CLIENTES FINANCEIROS (POR EXEMPLO, CONSUMIDORES EM RELAÇÕES CONTRATUAIS)."**

Disponível em: <https://www.oecd.org/daf/fin/financial-education/%5bPT%5d%20Recomenda%C3%A7%C3%A3o%20Princ%C3%ADpios%20de%20Educa%C3%A7%C3%A3o%20Financeira%202005%20.pdf>. Acesso em: 2 maio 2020.

Nesta obra proponho publicamente que esse princípio seja imediatamente mudado para:

> **"A EDUCAÇÃO FINANCEIRA É UMA CIÊNCIA HUMANA, QUE BUSCA AUTONOMIA FINANCEIRA, FUNDAMENTADA POR UMA METODOLOGIA BASEADA NO COMPORTAMENTO, OBJETIVANDO A CONSTRUÇÃO DE UM MODELO MENTAL QUE PROMOVA A SUSTENTABILIDADE, CRIE HÁBITOS SAUDÁVEIS E PROPORCIONE EQUILÍBRIO ENTRE O SER, O FAZER E O TER, COM ESCOLHAS CONSCIENTES PARA A REALIZAÇÃO DE SONHOS."**
>
> **PhD REINALDO DOMINGOS**
>
> Disponível em: <https://abefin.org.br/educacao-financeira-ab/>. Acesso em: 23 junho 2020.

Princípio chancelado pela Associação Brasileira de Educadores Financeiros (Abefin), uma instituição idealizada por mim em 2012, com a missão de regulamentar a atividade de profissionais da educação financeira e garantir a qualidade desse serviço junto ao mercado.

Assim, sustentabilidade financeira segundo a **Metodologia DSOP** significa blindar tanto as necessidades quanto os sonhos. Quando falo em necessidades, me refiro a tudo aquilo que você pode ter em curto, médio e longo prazos, podendo ser compromissos já assumidos, tais como dívidas/prestações, aposentadoria sustentável e gastos essenciais.

Quando falo de sonhos, me refiro a uma viagem, um carro, uma casa etc.

Agora que você tomou consciência dos benefícios que a sustentabilidade financeira pode promover a uma sociedade, convido-o a praticar os ensinamentos que esta obra traz. Lembre-se do que falei sobre sua caixa d'água financeira: em momentos como este, ela deveria estar cheia e sustentável, o que chamamos de reserva financeira para o enfrentamento desta crise e de outras que porventura virão.

12
DINHEIRO INVESTIDO

Qualquer dinheiro que você guarda e depois investe é sinal de uma característica investidora. Fique atento para não se tornar uma pessoa pão-dura, mesquinha e avarenta.

Muitos investidores acabam aplicando seus recursos financeiros sem critérios e sem um destino certo. Quando isso acontece, o risco da perda desse dinheiro é muito grande. Seja para ajudar alguém em algum momento difícil ou para arriscar um ganho de taxas de juros maiores. Digo isso, porque muitos investidores não têm claramente definido e carimbado esse dinheiro e acabam emprestando, mesmo para pessoas de sua confiança, com juros maiores, sem qualquer tipo de garantia. Em muitos casos, acabam perdendo os recursos financeiros emprestados.

É fundamental que o dinheiro investido seja adequado ao tempo desses objetivos. É muito comum as pessoas colocarem esses recursos em uma única aplicação, em uma única instituição financeira, o que perante a educação financeira está totalmente equivocado. Ensinamos para as crianças que devem ter sempre três cofrinhos, para que possam aprender e criar hábitos de poupança, respeitando o tempo das coisas: um para sonhos de curto prazo, um para sonhos de médio prazo e um para sonhos de longo prazo. E detalhe, ao mesmo tempo estes devem ser alimentados, além de carimbar em cada um deles o sonho a ser realizado.

Você pode estar argumentando: Mas investir o dinheiro no cofrinho não rende juros! Sim, não rende porque não é investimento, é poupança. É o ato mais importante do que o investir. Será que você está ensinando desse jeito para o seu filho?

Na crise, as pessoas acabam utilizando os recursos financeiros de suas aplicações. O cuidado durante a crise é que essa reserva deve ser preservada ao máximo. É preciso olhar além da reserva para a entrada de dinheiro na crise, ou seja, o seu salário, seu ganho financeiro.

É com ele que você deve se sustentar na crise. Se isso não acontece, é bem provável que você não tenha reduzido seu padrão de vida, o que pode ser fatal para a sua sustentabilidade financeira pós-crise.

Responda a estas perguntas:

- **Por que você está investindo seu dinheiro?**
- **Qual é o seu objetivo/sonho com esse recurso investido?**
- **Você tem reserva financeira (que não seja dos seus sonhos) para se manter até seis meses e enfrentar uma possível e futura crise?**
- **Durante e após a crise, você conseguiu continuar guardando e investindo seu dinheiro?**
- **Durante e após a crise, você conseguiu se manter com seu ganho/salário independentemente da sua reserva financeira?**
- **A rentabilidade do seu dinheiro aplicado continua sendo a mesma de antes da crise?**
- **Você já fez o diagnóstico dos seus investimentos pós--crise para buscar melhores taxas com segurança?**

Atentar-se também para o aumento do custo de vida durante e depois da crise. Será um momento turbulento na economia, produtos e serviços podem aumentar muito. Até porque, geralmente, o governo busca salvar a população, se descapitalizando com reservas que nem ele mesmo tem, causando um aumento da inflação.

Nesta obra falo sobre a perda do poder aquisitivo das famílias. Esse tem sido um grande vilão da sustentabilidade financeira delas. No pós-crise, os valores de produtos e serviços tendem a acelerar ainda mais a perda desse poder de compra do dinheiro. Toda a atenção é necessária para que faça essa reparação, buscando a adequação entre seus ganhos e seus gastos.

13
PÓS-CRISE

Antes de qualquer crise, é bem provável que sua situação seja diferente de quando ela termina. Tudo depende da sua caixa d'água financeira, das suas entradas e saídas de dinheiro. Qualquer um de nós estamos em uma dessas situações:

SUPERENDIVIDADO: pessoa que perdeu a capacidade de pagamento dos seus compromissos assumidos (dívidas feitas e não pagas).

ENDIVIDADO: pessoa que tem prestações, consegue pagar com ou sem sacrifícios. Está em uma área de risco, porque geralmente não tem reservas financeiras, e pode se tornar superendividada.

EQUILIBRADO: pessoa que não tem dívida; quando tem, consegue pagá-las em dia. Também é aquela que não guarda dinheiro, o que é conhecido como zona de conforto. A mais perigosa das situações, digo isso por não ter reservas, e ficar vulnerável a qualquer mudança.

INVESTIDOR: pessoa que guarda dinheiro e consegue aplicá-lo (aplicação financeira, imóveis, consórcios, negócios etc.). A preocupação é a da sustentabilidade (do tempo que ela consegue se manter com esses recursos aplicados).

Conheça sua situação financeira por meio deste *link*:

https://cutt.ly/situacao_financeira

Agora que você conheceu sua situação financeira, saiba o que fazer no pós-crise.

SE O SEU RESULTADO DEU "SUPERENDIVIDADO", a ordem do dia é GUERRA contra todos os gastos e custos possíveis e quase impossíveis. É hora de derrubar o custo e o padrão de vida. Trata-se de um novo começo. A união da família é imprescindível para esse momento. Como fazer isso, se todos estão desesperados? Sei que não é algo fácil, já atendi milhares de pessoas nessa situação. Acredite, todas elas saíram fortalecidas.

Você não pode simplesmente desistir – certamente é o que mais ouvi das pessoas quando as atendi. Vamos pensar juntos: se eu já estou na situação em que não consigo honrar o que devo, os credores já me reconhecem como devedor não sustentável. Isso porque não paguei o que devia para eles.

Vou contar uma história para que possa entender. Quando nós não pagamos o que devemos, é muito provável que estamos perdendo noites de sono. Então, ligue ou passe uma mensagem de forma cordial para o seu credor dizendo que o momento está difícil, que está sem recursos financeiros e em processo de reestruturação com um terapeuta financeiro e, tão logo consiga se recuperar, irá procurá-lo para propor um acordo. Caso o credor não seja receptivo, diga a ele que sente muito, que reconhece a dívida, não nega e pagará quando puder. E se ele pressionar, querendo negativar seu nome, seja mais uma vez cordial e peça para que negative imediatamente. A partir desse momento, coloque sua cabeça no travesseiro, porque quem não dormirá será ele.

Nessa situação é importante que você comece a guardar dinheiro para uma futura negociação, conforme descrito no capítulo **"O que fazer e não fazer em tempos de crise"**. Atenção: o pior acordo que você pode fazer é assinar uma confissão de dívida que você não poderá honrar.

Você vai perceber a força do NÃO: "Não posso pagar, não vou pagar". Quando isso acontece, você está assumindo o comando do seu "eu financeiro". Não como um caloteiro, e sim como um ser consciente das suas possibilidades do momento. Por isso não se aborreça, não se cobre, não se frustre. Sinta-se um novo ser agora, a caminho da sua plena sustentabilidade financeira.

SE O SEU RESULTADO DEU "ENDIVIDADO", você está em uma situação de controle, acredite nisso. Faz dívidas, consegue pagá-las. O que de fato você necessita agora é saber que:

- **quem tem dívidas precisa honrá-las;**
- **quem tem dívidas paga juros;**
- **quem tem dívidas conquista sonhos.**

Nada errado, tudo certo. O que você precisa mesmo é ter uma reserva financeira para uma eventual necessidade, tipo uma crise financeira, como a de 2008, a de 2020 e outras que virão. Aliás, se existe uma certeza é que nós participaremos de outras crises; você só precisa decidir como quer enfrentá-las: com sustentabilidade financeira ou sem.

É mais ou menos como viver a vida financeira tomando atitudes pelo amor ou pela dor. Quando não temos reservas financeiras que possam nos sustentar por alguns anos, caímos na **cilada do fracasso financeiro**, vivido por bilhões de pessoas neste planeta. Você só é mais um se estiver nessa situação; não se enalteça. Você está na **manada do analfabetismo financeiro**. Mas não se desespere: a partir deste momento você está conhecendo a verdadeira educação financeira, o caminho para que você possa se desenvolver e se educar financeiramente. Chamo isso de magia da educação financeira: como uma varinha mágica, você aponta e muda. Simples assim.

Caso você não pratique essas orientações, você poderá se tornar um superendividado. Isso não é comigo, a escolha é sua.

SE O SEU RESULTADO DEU "EQUILIBRADO", chegou à zona de conforto, puxa vida! No pós-crise você está sem reserva financeira e o bom disso é que não tem dívidas. O que fazer nesse momento? Você deve ter consumido toda a sua reserva, se é que tinha antes. Pela situação de equilíbrio, pode ser que tinha alguma coisa. Poderia ter feito diferente e ter mais dinheiro guardado. E no pós-crise ter condições de manter, por um período ainda maior, a recuperação do mercado.

Quem quer vender não encontrará comprador. Quem quer comprar não terá dinheiro para pagar. Pode demorar um bom tempo para que as coisas comecem a deslanchar - estou falando do mercado como um todo. Seu padrão de vida, se não adequado, estará migrando para uma situação de endividamento, caso a entrada de recursos (seu ganho) seja muito inferior comparada com aquela antes da crise. Nesse caso, terá que fazer uma reparação geral nos seus custos.

O envolvimento da família nesse momento é vital. Os sonhos passam a ser o agente motivador, o que vai fazer com que todos estejam na mesma direção. Isso porque combater somente os gastos e custos não vai contribuir para essa ação de forma eficaz. Busque junto a todos o que cada um quer ou deseja como sonho daqui para frente.

Com essa etapa vencida, tudo ficará mais fácil: redução de gastos e custos, com o objetivo claro de retomada da esperança da família. A reserva financeira, quando trabalhada com mais atenção, garante a sustentabilidade financeira e, assim, estará mais preparado e pronto para enfrentar as próximas crises.

SE O SEU RESULTADO DEU "INVESTIDOR", você se mostrou forte financeiramente. Conseguiu manter sua sustentabilidade. Passada a crise, mesmo que tenha reduzido seus ganhos ou até mesmo não tido nenhum, manteve-se firme. O que mostra que ter reservas financeiras é o segredo para o enfrentamento de qualquer situação.

É importante, neste momento, reestabelecer o alongamento do tempo da sua saúde financeira que pode ter sido abalada.

Por isso, é importante responder novamente a esta pergunta: Quanto tempo eu ainda consigo manter o meu padrão de vida se não tiver mais meus novos ganhos mensais?

Faça um diagnóstico dos seus investimentos após a crise, observando sua aposentadoria sustentável, que não poderá ficar sem a atenção devida.

14
LEGADO FINANCEIRO

Como seres humanos, somos mortais. Nascemos, vivemos e morremos. No decorrer de nossas vidas, construímos legados e somos norteados por legados de outros. Os legados podem ser bons ou não, podem ser conscientes ou não, intencionais ou não. Todos nós deixamos legados.

Nem sempre conseguimos enxergar o que estamos praticando; por isso, precisamos estar sempre atentos às ações do nosso dia a dia: fala, gesto, olhar, tato e audição. E uma das ações mais importantes é o que pensamos e emanamos desses pensamentos, lembrando que "o que você pensa, o que você fala e o que você escreve ecoa na eternidade". Cada ação tem sua reação!

Observe a si próprio. Quais são as suas ações no cotidiano em relação ao seu comportamento na família, no negócio, no lazer, na igreja etc.? Se você reparar de verdade, perceberá que suas ações são diferentes e, com isso, estão constantemente alternando seu comportamento. E, ainda, mesmo nesses ambientes, um dia não é igual ao outro.

Quando falamos de nossa personalidade, se observar, verá que ela muda a todo instante. É uma metralhadora de ações. Todos aqueles que estão ao nosso redor, fisicamente ou não, recebem toda essa carga de *insights* e emoções. Somos uma máquina desgovernada.

Tudo isso também acontece com você recebendo de diversas outras fontes, como seus familiares, amigos, colegas de trabalho e de estudo, *games*, mídias, redes sociais, ou seja, tudo o que você ouve, vê e recebe de carga de *insights* e emoções. Que loucura, não é mesmo?

Quando falamos de **legado financeiro**, não se trata de dinheiro e trabalho; esses são os meios que norteiam nossos fins e nossas necessidades, como trago no conceito da educação financeira, representado pelo equilíbrio entre o SER e o TER.

Para enfrentar a falta do dinheiro e do trabalho, que resulta no desequilíbrio financeiro, só podemos nos blindar e nos proteger se tivermos um jeito de FAZER. Nossos ancestrais não tiveram essa oportunidade de aprender sobre esse tema; por isso, o legado recebido deles foi o de analfabetismo financeiro.

Ao longo da minha vida, pude praticar um jeito diferente de FAZER, que culminou na minha independência financeira aos 37 anos de idade. Acredito que esse feito não foi privilégio só meu. Não coloquei o ovo de pé. Na verdade, eu vivenciei um jeito de entender que **dinheiro e trabalho são meios para suprir minhas necessidades e sonhos**. Quando observei o que havia ocorrido, me deparei com uma metodologia estruturada em quatro passos, **Diagnosticar, Sonhar, Orçar e Poupar**, que denominei **Metodologia DSOP**. E foi com ela (a semente) que superei todas as crises, como também esta do coronavírus.

Acredito que a disseminação e a prática da **Metodologia DSOP** de educação financeira construirão novas gerações de pessoas, famílias e negócios saudáveis e sustentáveis financeiramente, contribuindo com novos legados financeiros na sociedade mundial.

Esse, sem dúvida alguma, será um dos meus legados!

Convido você e seus familiares a participarem dessa construção.

PhD Reinaldo Domingos

REINALDO DOMINGOS

Reinaldo Domingos é PhD pela *Florida Christian University* com teses sobre Educação Financeira e Educação Empreendedora embasadas na **Metodologia DSOP**. Educador e terapeuta financeiro, é autor com mais de 5 milhões de livros vendidos sobre o tema Educação Financeira, que contemplam o *long-seller Terapia Financeira* e os livros *Nome sujo pode ser a solução – quem não tem dívida, que atire a primeira pedra; Empreender Vitorioso com Sonhos e Lucro em Primeiro Lugar; Mesada não é só Dinheiro; Livre-se das Dívidas; Eu Mereço ter Dinheiro; Papo Empreendedor; Sabedoria Financeira; Ter Dinheiro Não tem Segredo; Coleção Dinheiro Sem Segredo* (12 volumes); *ABCD da Educação Financeira. Publicou as Apostilas Educação Financeira para Jovens Aprendizes; Curso DSOP de Educação Financeira* e *Educação Financeira para Empreendedores;* e o *Apontamento de Despesas; Apontamento de Despesas do Empreendedor;* e *Apontamento Financeiro. Nos segmentos infantil e infantojuvenil, escreveu as obras da Coleção Turma do Nico: O mistério da Praça Diamante; O enigma da Ladeira Prateada; O segredo da Vila Esmeralda; A charada da Escola Rubi; O sumiço na Biblioteca Safira; O Colecionador de Sonhos; A Semente dos Sonhos; A Menina do Rio* e *Diário dos Sonhos.* Publicou, também, uma coleção (4 volumes) com os personagens da Turma da Mônica: *Como cães e gatos;* e *Visita à Fazendinha;* e da *Turma da Mônica Jovem: O Sumiço do Cebola;* e *Sem Sonhos.* Em parceria com "Dentro da História", publicou *Uma aventura espacial.* É autor, ainda, das séries *O Menino do Dinheiro* (6 volumes) e *O Menino e o Dinheiro* (3 volumes); *O Menino do Dinheiro em Cordel* e, no segmento internacional, publicou as obras *School Camp; The Garden; Journal of Dreams* e as séries *Money Boy* e *The Boy and the Money.* É autor de 2 Coleções Didáticas de Educação Financeira (15 volumes do aluno e 15 volumes do professor cada).

É também autor da *Coleção dos Sonhos para Educação Financeira* com Neurociência, que contempla quatro livros para o Ensino Infantil; seis livros para o Ensino Fundamental 1 (para o primeiro ano há uma versão para a criança alfabetizada e outra para a criança que está em fase de alfabetização); e quatro livros para o Ensino Fundamental 2, além de um livro do professor para cada ano. Essas coleções são acompanhadas por um kit para a Família (*Caderno da Família* e *Risque e Rabisque da Família*). É idealizador do Projeto Meu Primeiro Livro da Abefin, no qual organizou os livros *Independência Financeira ao alcance das mãos* (2018) e *Trabalhadores não precisam ser pobres* (2019).

Em 2008, criou o primeiro programa de educação financeira para empresas, o primeiro curso de Formação de Educadores Financeiros e idealizou a primeira Coleção Didática de Educação Financeira para o Ensino Básico do país, já adotada por diversas escolas, privadas e públicas. Em 2009, criou o primeiro curso de pós-graduação em Educação Financeira – Metodologia DSOP. Em 2012, criou o primeiro programa de Educação Financeira para jovens aprendizes e, em 2013, ampliou para educação de jovens e adultos (EJA). Em 2014, criou o primeiro curso de Educação Financeira para empreendedores. No mesmo ano, iniciou o curso de pós-graduação online em Educação Financeira – Metodologia DSOP.

Em 2016, criou mais 3 especialidades de pós-graduação (Neurociência para Docentes, Terapia Financeira e Empreender com Lucro em 1º Lugar), além de idealizar o programa CLIL, que tem como objetivo conceder o protagonismo tanto à aquisição do idioma quanto à conscientização financeira vivencial dos alunos. Em 2017, iniciou a formação de Terapeutas Financeiros e idealizou a primeira turma stricto sensu do Mestrado em Educação Financeira. Em 2018, iniciou a formação de Empreendedores Educacionais, além da primeira turma de Doutorado em Educação Financeira. Em 2019, criou e lançou a primeira Franquia de Profissionais da Educação Financeira, por meio de Plataforma Digital.

Bacharel em Ciências Contábeis, pós-graduado em Análise de Sistemas, mestre (com a tese sobre o livro *Mesada não é só Dinheiro*), doutor (com a tese sobre a *Coleção dos Sonhos*) em Ciência de Administração e Negócios e pós-doutorado (com tese sobre o livro Empreender Vitorioso com Sonhos e Lucro em Primeiro Lugar), Reinaldo fundou a Confirp Consultoria Contábil e foi governador do Rotary International Distrito 4610, na gestão 2009-2010. Atualmente é presidente do Grupo DSOP. É idealizador, fundador e presidente da Abefin – Associação Brasileira de Educadores Financeiros. Idealizou, também, o primeiro curso de pós-graduação em Educação Financeira (presencial e online) no Brasil e o primeiro programa de mestrado e doutorado em Educação Financeira no mundo.

Reinaldo é mentor da **Metodologia DSOP**, que embasa todos os programas de educação financeira. Em seu canal no Youtube, **Dinheiro à Vista**, e em seu *podcast* no Spotify, **Dinheiro à Vista Cast**, fala, semanalmente, sobre educação financeira.